AF311658

(343e) **Vente du Mercredi 22 Avril 1874**

RUE DROUOT, 5, SALLE N° 4

A UNE HEURE PRÉCISE

ESTAMPES

DES MAITRES

DE L'ÉCOLE DU XVIIIe SIÈCLE

EN NOIR ET EN COULEUR

BAUDOUIN, BONNET, BOREL, BOUCHER, CARÊME

DEBUCOURT, les deux Baisers

Fragonard, Freudeberg
J.-B. Huet, Janinet, Lavreince, Moreau, Regnaut
Saint-Aubin, Schall, Carle Vernet

LES CHANSONS DE LABORDE

LE MUSÉE IMPÉRIAL (1869), ETC.

Me DELBERGUE-CORMONT | M. VIGNÈRES

COMMISSAIRE-PRISEUR | MARCHAND D'ESTAMPES

PARIS — AVRIL 1874

343.

M. Duplan etc.

Vᵉ RENOU, MAULDE ET COCK

IMPRIMEURS DE LA COMPAGNIE DES COMMISSAIRES-PRISEURS

Rue de Rivoli, 144.

			19 - 10 %			
12 Mai	Duplan (Stephen) 12 r. de Grammont	7782		1486	35	6.295 65
	JJV ✗	887	montage 132x33 / 721 3 30	1.69	40	717 60
7 Mai	Varin	460		87	85	372 15
30 avril	Levy	46		8	80	37 20
11 juillet	Flamer-Lamblin reçu a 338e	32		6	10	25 90
19 Juin 1874	Michel Eude avec 346e	26		4 2montres 50	95	21 05
30 Mai	Hacquart reçu avec 341e	17		3	25	13 75
20 Mai	Lelièvre et la 338e	10 50	1 montre 25	2		8 50
20 Juin 74	Hourtier avec 344e	4		75		3 25
		9,264 50		1769	45	7495 05
						1 769 45
						9264 . 50

CATALOGUE

ESTAMPES

DES MAITRES
DE L'ÉCOLE DU XVIIIᵉ SIÈCLE

EN NOIR ET EN COULEUR

BAUDOUIN, BONNET, BOREL, BOUCHER, CARÈME

DEBUCOURT, les deux Baisers

Fragonard, Freudeberg
J.-B. Huet, Janinet, Lavreince, Moreau, Regnaut
Saint-Aubin, Schall, Carle Vernet

LES CHANSONS DE LABORDE
LE MUSÉE IMPÉRIAL (1869), ETC.

DONT LA VENTE AURA LIEU

HOTEL DES COMMISSAIRES-PRISEURS
RUE DROUOT, 5, SALLE Nᵒ 4

Le Mercredi 22 Avril 1874
A UNE HEURE PRÉCISE

Mᵉ **DELBERGUE-CORMONT**, Commissaire-Priseur,
rue de Provence, 8,
Assisté de **M. VIGNÈRES**, marchand d'Estampes,
rue de la Monnaie, 21 (ancien 13), à l'entre-sol,
CHEZ LEQUEL SE DISTRIBUE LE CATALOGUE.

EXPOSITION PUBLIQUE
Le Mardi 21 Avril 1874, de uue heure à quatre heures.

PARIS — AVRIL 1874

CONDITIONS DE LA VENTE

L'ordre du catalogue sera suivi.

La vente sera faite au comptant.

Les Acquéreurs paieront CINQ POUR CENT en plus des enchères.

M. VIGNÈRES, dirigeant la Vente, se charge des Commissions.

NOTA. Toute commission, sans prix fixé ou sans limite déterminée, sera regardée comme nulle.

M. VIGNÈRES se charge de faire marquer les prix aux Catalogues des Ventes qu'il a faites. Les personnes qui le désirent peuvent s'adresser à lui *franco*.

Plusieurs Amateurs éloignés en ont reconnu l'utilité pour les guider dans leurs achats sur les valeurs des Estampes.

Les Catalogues des Ventes à faire seront envoyés aux personnes qui en feront la demande *affranchie*.

AVIS. — Nous prions MM. les Amateurs éloignés de ne pas attendre au dernier jour, pour que les lettres arrivent le matin de la vente ; ils comprendront que quelques lettres peuvent se lire, mais de 20 à 50 lettres, c'est difficile.

Choix de Catalogues avec prix marqués.

M. VIGNÈRES se charge des Commissions dans les Ventes de Livres et Estampes autres que les siennes

Flouy 4   M. D. C 5.

Chol. 2   Michel 7

Michel 8   Groy 5.

Dieus.   Michel 15   Groy. 5.

Mornier 20   Dieus   Groy 8.

CATALOGUE

ÉCOLE DU XVIIIᵉ SIÈCLE

ESTAMPES EN NOIR

1 **Anonyme.** L'Amour enchaînant les Grâces. — L'Amour attaché par les Grâces. 2 p. gracieuses. In-fol., avant toute lettre. Superbes ép., marge.

2 — La Curieuse indiscrète : prête d'entrer au bain, elle se regarde dans un miroir que tient sa suivante; ovale. Petit in-fol., chez Gamble.

3 — Satyre surprenant trois Bacchantes. Ovale en travers, sujet gracieux. Petit in-fol., avant toute lettre.

4 — Dame dans son lit, lisant une lettre; sa camériste lui remet une boîte ronde; on aperçoit un gentilhomme par la porte ent'rouverte. Grand in-4, avant toute lettre. Très-belle ép., très-rare.

5 — La Réflexion tardive. — La Perte irréparable. — La Chambrière instruite. 3 p. in-4. Superbes ép., toute marge.

6 **Aubert** (D'ap.). La Revendeuse à la toilette. par *Cl. Duflos*. Superbe ép., in-fol.

7 **Aubry** (D'ap.). L'heureuse Nouvelle, par *Simonet, 1777*. Superbe ép. Grand in-fol., toute marge, avec les armes, mais avant la lettre.

8 **Avril**. Suzanne au bain. In-fol., d'ap. *Vanderverf*. Très-belle ép., toute marge.

9 — Offrande à l'Amour. — L'Amour couronné. 2 p. In-fol. avant touté lettre, toute marge. Signées.

10 **Bachelier** (D'après). Le petit Chien noir s'est échappé et vient voir la petite Chienne blanche, qui est attachée. Petit in-fol. ovale en travers, esquisse. Très-belle ép.

11 **Balen** (D'ap.). Le Repos de Diane; elle dort et une de ses nymphes. Pièce gracieuse; in-fol. en travers, par *Durmer*. Très-belle ép., toute marge.

12 **Baudouin** . (D'ap.). Le Matin. — Le Soir. 2 sujets très-gracieux; intérieur de chambre à coucher, avant toute lettre et avant les changements.

13 — Le Midi. — La Nuit, par *De Ghendt*. 2 charmantes scènes de jardin. Très-belles ép.

14 — Le Matin. — Le Soir. — La Nuit, ép. retouchées. — Le Midi, bonne ép. rognée. 4 p.

15 — L'Amant de village entrant par la fenêtre, par *Choffart*, 1782.

16 — L'Amour à l'épreuve. Eau-forte pure, très-rare, sans marge.

Cher   6   Dieus

Yvon 2. Michel 7   Morg. 6

M.D.C. 5.

greg 1250 Michel 65. Chal. 2c.

Greg 8

Yver. 10

Laval 30   Dieus

Dieu 35   Yver 15   Laval. 30

                                        Yver 15

Lion 40. Morel 50.   Michel 65.   Yver 30.   Girb 105   Jrouj 6

                        Yver 40   Jrouj 22.   Chev 8

                                        Chev 6

                        Lion 10.   M.D.C. 6

                                        Chev 6

                        Mornin 8   Chev 8

                                        Jrouj 250

                                        Dieu
                                        chat. 5

H.T.

17 — L'Amour à l'épreuve. *Beauvarlet* direxit, d'ap. *Boucher*. Très-belle ép. 1er état avant le changement. *moderne*

18 — La Sentinelle en défaut, par *N. De Launay*, 1771. Superbe ép. in-fol., grande marge.

19 — Le Carquois épuisé, par *N. De Launay*. Élégant Intérieur Louis XV : Jeune Seigneur assis sur un lit de repos, cause avec une jolie femme qui s'occupe de sa toilette. Superbe ép. avant la lettre, avec cartouche blanc, et ornements qui furent enlevés. Grande marge, celle du haut est ajoutée.

20 — Le Coucher de la mariée, par *Moreau* le jeune et *Simonet*. Riche intérieur de chambre à coucher en rotonde, d'un grand luxe. Belle ép. in-fol.

X 21 — Le Catéchisme des Demoiselles. In-fol., par *Moitte*, dédié à M. Trudaine. Très-belle ép. collée.

22 **Beauvarlet**. Actéon changé en cerf. Diane et ses neuf nymphes. Jolie composition, d'après *Rottenhamer*. Superbe ép., petit in-fol., avant toute lettre.

X 23 — Deux jeunes dames chantant, d'ap. *Raoux*. Effet de jour.

24 **Boilly** (D'ap.). Le Réveil prémédité, par *Wolff*. — La douce Résistance, par *Tresca*. 2 p. in-fol.

25 **Borel** (D'ap.). L'Abandon voluptueux, par *Dennel*. Très-belle ép.

26 — La Morale inutile, par *Voysard*. Belle ép.

27 — La Faute est faite, permettez qu'il la répare, par *Anselin*.

28 **Bouchardon** (D'ap.). Diane de retour de la chasse, prête à entrer au bain. — Vénus suivie de ses nymphes. 2 p. très-gracieuses, grand in-4, ovales en travers équarris, *C. Sc.* 1res ép. avant les changements, marges. — La Diane avec le changement pour comparaison. 3 p.

29 **Boucher** (François), peintre. Son portrait. Grand in-4, par *L. Bosse*, d'après Roslin. Belle ép.

30 **Boucher**, 1756. La Blanchisseuse. Eau-forte originale, très-belle.

31 **Boucher** (D'après). Le Fleuve Scamandre, par de *Larmessin*; conte de Lafontaine. In-fol.

32 — Illustration pour le roman d'Acajou et Zirphile. 10 p. in-4. Superbes ép., marge.

33 **Bounieu** (D'ap.). Ariane à Naxos. Grand in-4 ovale, par *Laurence*. Superbe ép., marge.

34 **Carême** (D'après). Honni soit qui mal y pense : Jeune fille tenant l'Art d'aimer. — Honni soit qui mal y voit : Jeune garçon jouant avec des cerises. 2 p. in-fol., par *Hubert*.

35 — L'Amant effrayé. — Les Amants satisfaits. 2 p. grand in-4, par *Phelippeaux*. Très-belles ép.

36 — Le Satyre impatient, par *Anselin*. Très-belle ép. In-fol.

37 — La joyeuse Orgie, par *Hemery*. Très-belle ép. avant la lettre, grande marge.

38 **Challe** (D'ap.). La Soubrette officieuse, par *Chaponnier*; sujet gracieux. Grand in-fol.

39 — La Ruelle, par *Malapeau*. In-fol. Très-belle ép., grande marge.

Thor 8   Hessen 3.   Dieus   [illegible]

Lorin 8   Morry 5.

Chev 6   grey 5.   Ret 16   ...son 3   Dieus.. Mornin 6.

M. D. C. 3.

grey 3

Chev 8   grey ?   Keime 3.

grey 5   Laval 30   ...n 3.

Chev 6   grey 3.   Laval 20   Mornin 15

grey 5   Dieus

Dieu   Michel 11.   Losin 12

        Mong 15.   Yver 25.   Ther 8

        Mong 12.   Michel 15.   Ther 6.

                        Lory.

                        Dieu

                        Ther 8

            ...   Hudon 2

        Mong 8   Hudon 3   Ther 10

        Mory 3   M.D.C 4

40 **Chardin** (D'après). Son portrait en 1771, avec des lunettes, petit in-fol. Très-belle ép., marge. *14 Vig*

41 — Sans souci, sans chagrin : Jeune fille avec raquette et volant, par *Lépicié, 1742.* Superbe ép., grande marge, à Lyon, chez Gentot. *16 Vig*

42 **Chevillet.** La Dévideuse. Charmante dame à sa fenêtre, petit in-fol. Magnifique ép., avant toute lettre, toute marge. *36 Clément*

43 **Claessens.** Les Fils de Téniers. In-fol., avant toute lettre, toute marge. Superbe. *1.50*

44 **Clermont.** Pastorales. 2 p. à l'eau-forte. Petit in-fol. *10 Vig*

45 **Coqueret.** Les Ennuyés chez eux. Intérieur de café, dit être le café Procope. In-fol., marge. *8 Vig*

46 **Coypel** (D'après). Renaud et Armide. Grand in-fol. *1*

47 **Darcis.** Le Trente et un, ou la Maison de prêt sur nantissement. Composition de dix-sept joueurs d'expression diverse, d'ap. *Guerain.* Magnifique ép., marge. *51 Roux*

48 **Denon.** Femmes vues devant et derrière. 2 eaux-fortes. Grand in-8 sur chine. *modernes* *4*

49 — Deux charmants Portraits de femmes. — Mère et deux Enfants. — Une Soirée. Composition de 8 figures. Effet de lumière. 4 petites p. à l'eau-forte. Rares. *9 Vig*

50 **Descamps** (D'ap.). Le Négociant, par *Le Bas.* Superbe ép., grande marge. *5*

51 **De Troy** (D'ap.). Diane et Calisto. In-fol., par *Fessard,* rognée du haut. *3.50 Vig*

52 **De Troy**. Salmacis et Hermaphrodite. In-fol., par *Daullé*, 1762. Superbe ép.

53 — Bethsabée au bain, vue par David. In-fol., par *L. Cars*. Très-belle ép., toute marge.

54 **Drolling** (D'ap.), 1788. L'Aumône? Grand in-fol., par *Le Villain*. Eau-forte pure. Rare.

55 **Ducreux** (D'après). Le Bâilleur. — Le Rieur. 2 p. ovales in-4. Superbes, marge, petit in-fol.

56 **Dugoure** (D'ap.). Le Lever de la Mariée, par *Triere*, in-fol. Belle ép. Riche chambre à coucher.

57 **Dutailly** (D'ap.). L'Admiration de l'antique. — L'Imitation de l'antique. 2 charmantes compositions. In-fol , par *Prot*. In-fol. toute marge. Superbes.

58 **Eisen** le père (D'ap. F.). L'Optique, par *Henriquez*, sujet amusant. Très-belle ép. Petit in-fol.

59 **Eisen** (D'ap. C.). Les Désirs satisfaits, par *Patas*. In-fol. Très-belle ép.

60 **Fragonard** (D'ap). Les Contes de Lafontaine. 20 p. in-4. Très-belles ép. avec les n°" et les noms d'artistes, toute marge.

61 — Les Pétards. — Les Jets d'eau. 2 p., par *Auvray*.

62 — Le Verre d'eau, avant toute lettre, avant des contretailles.

63 — Le Verre d'eau. — Le Pot au lait. 2 p., par *N. Ponce*. Très-belles ép , marge.

64 — Les Beignets, par *N. De Launay*. Scène villageoise. Très-belle ép., marge.

M. D. C. 4. Mory 3 50

Mearum 4   Mory 3. 50

Grai 22

Grai 15   Laval 30   Michel 9.

Thev. 6

A. des Jamonines 65.   Grai 28   [illegible] 20   Felix Pauthes 100.

Thev. 6   Yver 12

Grai 350   P. Arbo 10.

Thev 8   Yver 20   M. D. C. 5.

Grai 450   .3 18   Yver 10   Morel 25.   Laon 12
                a 20.
            43.58

Lion 22. Morel 25   Yver 15.   Rot 40
                              Les 3 . 58/

Dieu

Dieu

M. D. C. 40.   Jroj   5

Dieu   Michel 8.   jroj   2.50

        Morg. 4.   Michel   3.

        Morg 10.   Michel   13.

                    Laval   25.

Laval 50   jroj   6.   Thev   6

Michel   7   Thev   6

65 — Dites donc, s'il vous plaît. — L'Heureuse Fécondité. 2 p. in-fol., par *N. De Launay*. Très-belles ép., toute marge.

66 — Le Verrou. — Le Contrat. 2 p., par *Blot*. Superbes ép. in-fol.

67 **Freudeberg** (D'ap.). La Félicité villageoise. Très-belle ép., par *N. De Launay*.

68 — L'Heureuse Union. In-fol., par *Bosse*. Magnifique ép., toute marge, avant la réduction de la planche et du sujet. Rare de cette condition.

69 **J. G.** (D'ap.). L'agréable Illusion. In-fol., par *A. G. C. G.*. Très-belle ép., grande marge.

70 **Garnerai** (D'ap.). La Jarretière. In-fol., par *Michault* et *Legrand*. Superbe ép., avant la lettre.

71 **Greuze** (D'ap.). L'Aveugle trompé : Il entend l'amant sortir de la cave. In-fol., par *L. Cars*.

72 — L'Amour, dédié au beau sexe. In-fol., par *Henriquez*. Belle ép., marge.

73 — L'Écolier distrait. In-fol., par *Beljambe*. Superbe ép., grande marge. Rare.

74 **Hilair** (D'ap. J. B.). L'Esclave heureux, par *J. Mathieu*. Superbe ép., toute marge.

75 **Huet** (D'ap.). Ce qui est bon à prendre est bon à garder, par *Chaponnier*. Composition très-gracieuse. Superbe ép., avant la lettre, toute marge.

76 — La Fidélité, portrait d'Inès, dédié à Mme de Pompadour (c'est son chien), par *Fessard*, 1755, terminé par *Saint-Aubin*, son élève en 1756 Belle ép., petit in-fol.

DD 20 77 **Imbert** (D'ap.). Le Passe-passe. Sujet gracieux, par Mlle *Papavoine*.

DD 50 78 — Le Bilboquet. Sujet gracieux, avant toute lettre. Très-rare.

26 79 — La Curieuse, par *C. F. Letellier* Très-belle ép., avant la lettre.

Vig 15 80 **Jeaurat** (D'après). Le Goûté, par *Balechou*. Superbe ép., toute marge.

Vig 19 81 **Julien.** Pauvre rentier ruiné. — Merlan à frire à frire. Superbe ép. in-fol. Grande marge.

460 82 **La Borde** (De). Choix de chansons, tome I, orné de 26 vignettes, gravées par *Moreau*. Superbes ép. Grand papier, vol. mar. vert, filets tranche dorée. — Tome III, orné de 26 vignettes d'ap. *Le Barbier*, gravées par divers. Superbes ép. — Tome IV, orné de 26 vignettes, d'ap. *Le Barbier* et *Saint-Quentin*. Superbes ép. Ces 2 vol. sont maroq. rouge, filets, tranche dorée.

6.50 83 **Lancret** (D'après). Récréation champêtre, in-fol. par *Joullain*.

12 84 — A Femme avare galant escroc; in-fol. par *De Larmessin*. Très-belle ép. Conte de Lafontaine.

8 85 — Les Troqueurs; in-fol. par *De Larmessin*. Belle ép. Conte de Lafontaine.

95 86 **Lavreince** (D'ap.). Le lever et le coucher des ouvrières en modes, par *Dequevauvillers*. Deux très-jolies pièces gracieuses. Très-belles ép.

Ther 6 Michel 12

Graj 6 Laval 40 Michel 21

Graj 6 5ᵗ Michel 17 Dieus M. d. C. 5

Ther 8 yver 12. Dieus

Monnier 20. Mary 18

Beghin 305 les 3.
3ᵉ ordᵉ
250

M. d. C. 6

M. d. C. 6.

proj 8 Bochar 52. chal. 5
7. Sᵗ Florentin

Med. C. 10   Diens   Chev 8   , 24

Volunt. D.E. prei 9.50. Chev 8

N.D C 12. Kerel. 100 prei 6   Chev 8

Valentin   B 16

Michel 12. [illegible] 7

Diens 40. Michel 16   Laval Cos

Diens   Michel 14 Chev 6

N.D.C. 8   Diens   Michel ~~[illegible]~~

87 — Les deux Cages ou la plus heureuse : Deux jeunes filles tiennent leur cage ouverte, l'oiseau pénètre dans l'une, l'autre jeune fille pleure. Grand in-fol. en noir, gravé par *De Brea*, avant toute lettre. Rare.

88 — Les soins mérités, par *De Launay* le jeune. Très-belle ép. in-fol.

89 — Le Roman dangereux, par *Helman*. Intérieur d'un élégant boudoir. In-fol.

90 — Le Déjeuner anglais, par *Vidal*. Agréable composition.

91 — La Gimblette, avant toute lettre. Les ép. avec la lettre portent pour titre : *Le joli chien*. Ovale, in-4, en hauteur. Rare.

92 — Le même sujet, petit in-fol., composition carrée, augmentée d'un gentilhomme qui s'avance pour voir la gimblette qu'elle présente à son chien. Eau-forte pure assez avancée qui n'a probablement pas été terminée. Extrêmement rare. Sans marge.

93 **Le Bel** (D'ap.). La Souris prise, par *Niquet*. Très-belle ép. avant le titre. Marge.

94 **Lemoine** (D'ap.). Enlèvement d'Europe, par *L. Cars*. In-fol.

95 **Mallet** (D'ap.). Par ici ! — Chit chit ! Deux charmantes pièces in-4, par *Copia*. Jolies femmes à leurs fenêtres, coiffures élégantes. Très-belles ép. toute marge.

96 **Monnet** (D'ap.). Salmacis et Hermaphrodite. Très-belle ép. avant la lettre, par *Vidal*.

12.50   **97 Monnet** (D'ap.) Les Baigneuses surprises. 1re ép. avant la mèche de cheveux, rognée, collée.

15   98 — Vénus et Adonis. 1re ép. avant le changement, rognée, collée.

15   99 — Renaud et Armide. 1re ép. avant le changement, rognée, collée.

15   100 — Jupiter et Antiope. 1re ép. avant le changement, rognée, collée.

21   101 — Le roi d'Éthiopie abusant de son pouvoir, avec la bordure. 1re ép. avant le changement. Sans marge, collée.

102 **Moreau** le jeune (D'ap.). Pièces tirées du Costume physique et moral au xviiie siècle, épreuves A. P. D. R.

— 15. J'en accepte l'heureux présage, par *Triere*.
— 17. C'est un fils, Monsieur, par *Baquoy*.
goupil 90 — 18. Les Petits parrains, par *Baquoy*.
— 20. L'Accord parfait, par *Helman*.
— 21. Le Rendez-vous pour Marly, par *Guttembery*.
— 22. Les Adieux, par *De Launay* le jeune.
goupil 152 — 23. La Rencontre au bois de Boulogne, par *Guttembery*.
— 24. La Dame du palais de la reine, par *Martini*.
— 26. La Petite toilette, par *Martini*.
Vig 77 — 28. La Course de chevaux, par *Guttembery*.
— 29. Le Pari gagné, par *Camligne*.
8 D 76 — 30. La Partie de wisch, par *Dambrun*.
— 31. Oui ou non, par *Thomas*.
72 — 33. La Petite loge, par *Patas*.
Ces quatorze pièces sont le choix des plus jolis costumes. Pourra être divisé.

Chev 6   Michel 10.

Michel 13

Michel 13

Michel 9   ...

Chev 6   Michel 8   Dieus

3.   3.

Val. 40 40 ⎫
Val 40 40 ⎬ 70 ⎫   3.
Val.   30   ⎬ 140   3.
      ⎬ 50   ⎪   3.
Val   30   ⎭   3.
Val 45 30 ⎫
Val 40 40 ⎬ 70   3:
Val 30 ⎫
Val 50 40 ⎬ 70 Dantos 3.
                        3.

M. D. C 7

Ther 8

Graç ?. Ther 6

M. D. C. 5

Laval 20

Laval 20

M. D. C. 10

Laval 30

Chal. 10   Laval 50

103 — Tullie ordonnant de faire passer son char sur le corps de son père, grand in-fol. par *Simonet*, 1791. Magnifique ép. avant la lettre. Toute marge.

104 **Mouchet** (D'ap.). L'illusion. Sujet gracieux, ovale en hauteur, petit in-fol. Très-belle ép. Toute marge.

105 **Née** et **Masquelier**, 1774. Les Garants de la félicité publique. Allégorie pour l'avénement au trône de Louis XVI et Marie-Antoinette. Très-belle ép. in-fol. Toute marge.

106 **Queverdo** (D'ap.). Le Couché de la mariée, petit in-fol. par *Patas*. Très-belle ép.

107 **Raoux** (D'ap.). Angélique et Médor, par *Delaunay*, grand in-fol. Très-belle ép.

108 **Renaud**. L'Amour s'endormant sur le sein de Psyché, in-fol. par *Beljambe*. Très-belle ép. avant toute lettre.

109 **Renou** (D'ap.). Jupiter et Io, par *Legrand*. Très-belle ép. avant la lettre.

110 **Saint-Aubin** (A. de). Au moins soyez discret. — Comptez sur mes serments. 2 p.

111 **Schall** (D'ap.). Le Bast. Conte de Lafontaine, par *Lindor*, de Toulouse. Petit in-fol. Marge.

112 — Amours au nombre de vingt lutinant une nymphe. Très-belle ép. in-fol. avant toute lettre.

113 — La Comparaison, par *Bouillard* et *Dupreel*. Baigneuses se comparant à la Vénus Callipyge. Très-belle ép. avant toute lettre.

114 **Schenau** (D'après). Le Retour désiré : Soldat rentrant dans sa famille, grand in-fol., par *Cl. Duflos*. Très-belle ép. grande marge.

115 **Trinquesse** (D'ap.). La Sortie du bain, in-fol. par *Lempereur*. Très-belle ép.

116 **Vanloo** (D'ap.). Le Coucher, par *Porporati*. In-fol., imp. par Aze.

117 **Vernet** (D'ap. Carle). Les incroyables, costumes du Directoire. In-fol, par *Darcis*.

118 — L'Inconvénient des perruques : Dame à cheval, costume du temps, in-fol., par *Darcis*. Superbe ép. Grande marge. Rare.

119 **Watteau** (D'ap.). Antoine de la Roque, in-fol., par *Lépicié*.

120 — Louis XIV mettant le cordon bleu à M. de Bourgogne, in-fol. Sans marge.

121 **Watteau** (D'ap.). Ribotte de grenadiers. — Effets de la ribotte. 2 p. petit in-fol. par *Beurlier*. Rares.

122 **Wille** fils (P.-A.). Petit Vauxhall, dessiné et gravé par lui, 1780. Charmante pièce avec costumes de l'époque : La Belle du jour saluée par les vieux amateurs. Superbe ép. Marge.

123 **Wille** fils (D'ap.). Les Conseils maternels. Très-belle ép. avant toute lettre, avec les armes.

124 — L'Essai du corset, in-fol., par *Dennel*. Superbe ép. toute marge, papier vélin à la forme.

125 **École française**, d'après Baudouin, Deshayes, de Troy, Greuze, Moreau, etc. 7 p.

Michel 23

Bocher 25

Chev. 6   _Dieu_   Mesnier 10.

Michel 16   _Dieu_

Chev 6   _Dieu_

Chev 8   _Dieu_

Chev 10   _Dieu_   M. D. C 8.

Groj 6   Laval 50   Hédrou 3. Mory 36. Custu 25

Laval 25

Groj 6   Laval 25   Michel 19

Hédou 3.

Michel 7   Lecur 3

M.d.C 4.   Lecur 3

Michel 25   Laval 40   Lecur 3   .

Nov.8 Michel 9   Lecur 3   G

Nov 8 M.d.C 10.   Lecur 2   .

Lecur 2 50   .

Michel 9   Heron 2   Lecur 2

Lecur 2.   Thev 12

Laval 15   Lecur 2-   Thev 3

ESTAMPES EN COULEUR

126 Amiconi (D'ap.). Euphrosine, par *De la Rue de l'Epinay*, ovale, en hauteur, petit in-fol. en couleur. Marge.

127 Anonyme. Les Baigneuses, ovale in-4, en couleur. Sujet gracieux. Rare.

128 — La Pièce curieuse, composition de quatre figures, rond en couleur, d'une grande rareté.

129 — La Pudeur alarmée : Femme sortant du bain, se cache derrière un rideau, apercevant un galant à sa fenêtre. Grand in-4, en couleur, chez Vivares. Très-belle ép. toute marge.

130 — Beauty is a riddle. Femme assise sur un canapé. In-fol. colorié. Chez Johnson, 1781.

131 — Vénus sortant du bain, pièce très-gracieuse. Grand in-4, ovale en hauteur. Paris, chez Civil, avec 4 vers. *Qui me guide en ces lieux, — Vénus s'y baigne*. Superbe ép. Marge.

132 Barthelemy (D'ap.). Bacchante couchée, jouant des cimbales, in-fol. en bistre, par *Scheneker*. Superbe. Marge.

133 Bartoloti. Dressing for the Masquerade. — The virtuous parent. — The elopement. 3 p. in-fol., en couleur, d'ap. *Moreland*. Sup. ép. Toute marge.

134 Baudouin (D'ap.). Ji vais, par *Le Marin*, petit in-fol. Dame qui se lève, en couleur. Toute marge.

135 — Le Désir amoureux ? — Jeune Femme entourée d'amours a une vision dans les nuages, à gauche. 1er état, très-rare avant que le groupe, dans les nuages, soit changé. Petit in-fol. en hauteur, en couleur. Très-rare.

136 **Bettelini**. Aminta. Petit in-fol. ovale, en hauteur, en couleur.

137 **Boilly** (D'ap.). Prélude de Nina, in-4, ovale, en hauteur, en couleur. Très-belle ép. Rare.

138 — L'Amant musicien. — L'Amant poète. 2 p. in-fol. en couleur, par *Levilly*.

139 **Boilly** (D'après). La Jarretière, par Tresca. Magnifique ép., petit in-fol. en couleur. Toute marge.

140 **Bonnet**. Le Chat au guet, scène à la fenêtre, in-4, en couleur.

141 — Vénus au bain, petit in-fol., d'ap. *Beaufort*.

142 — Jupiter métamorphosé en Diane pour surprendre Calysto. Jolie pièce très-gracieuse. Superbe.

143 — Le Bon accord. — La Bonne ruse. 2 p. in-8 ovales en hauteur, d'ap. *Chevaux*. Très-belles ép.

144 — Le Premier pas à la fortune. Composition de cinq figures, petit in-fol. en couleur, d'ap. *Du Bois de Sainte-Marie*. Belle ép.

145 — Le Goûter, d'après *Baudouin*. — Le Déjeûné, d'ap. *Huet*. 2 charmantes compositions. Très-belles ép.

146 — Le Concert des trois Grâces, sujet gracieux. Grand in-8, en couleur.

M. D. C. 6.

Theo 8.   Michel 8.

Laval. 30.   Mommin 16.   M. D. C. 30

Lecur 1. 50   Laval 20   M. D. C. 6.

M. D. C. 8.

Lecur 2 50   Dieu

Lecur 3   Laval 60

Michel. 7   Lenor 3

M.D.C. 40   Lenor 3

Chale 10   Lorin 70.   Groj 7.   Chev. 6

Chev 8

Michel 8..   Groj 16 50.

Laval 60   Groj 8 50

Merm 80   Chev 8

Michel 24.   Groj 8 50

Medon 2

147 — L'Amour fait l'offrande de son cœur à Vénus. Jolie pièce gracieuse, grand in-4. Très-belle ép. en couleur.

148 — La Jarretière, scène gracieuse, grand in-4, en couleur. Avant toute lettre.

149 — La belle Toilette : Femme nue qui se voit dans deux glaces, sujet très-gracieux. Très-belle ép. grand in-4, en couleur.

150 — L'Amant écouté. — L'Éventail cassé. Deux charmantes compositions d'intérieurs. Grand in-4, en couleur. Très-belles ép.

151 — Le Bain. — La Toilette. Deux compositions très-gracieuses. Grand in-4, en couleur. Très-belles ép.

152 — L'Amour offrant des présents à Ariane. Jolie pièce en couleur. Marge.

153 — Académie de femme. Quatrième figure tirée du cabinet de *Lagrenée*. Sanguine, grand in-fol.

154 **Borel** (D'ap.). Le Paysan mécontent. grand in-4. Superbe ép. avant toute lettre, en couleur, par *Morret*. Des soldats caressent sa femme.

155 — Le Charlatan, en couleur, par *Léveillé*, 1785. Belle ép. in-fol., nombre de figures, costumes. Rare.

156 — La Bascule, grande composition pittoresque, gravée en couleur, par *Léveillé*. Superbe ép. Marge. Fête de village, costumes élégants.

157 **Boucher** (D'après). Vénus nue, vue de dos, et l'Amour, charmante pièce, sanguine, grand in-8. Sans marge.

158 **Boucher** (D'ap,). Femme nue, assise sur son lit, tenant des fleurs. Belle sanguine, in-4, par *Demarteau*.

159 — Vénus, une Nymphe et deux Amours. Sanguine, petit in-fol, par *Demarteau*.

160 — Vénus debout, regardant ses tourterelles. Très-belle sanguine, petit in-fol., par *Petit*. Belle marge.

161 — Femme nue, dormant sur un canapé. — Femme dormant, par *Demarteau*. 2 sanguines. Sans marge.

162 — Berger surprenant une jeune bergère dormant. Jolie sanguine, in-4, en travers, par *Demarteau*.

163 — Jeune fille, assise, réfléchissant. Belle sanguine, grand in-4, par *Demarteau* (163). Très-belle ép.

164 — Jeune Vigneron, il tient et montre sa bouteille. Très-belle sanguine, grand in-4, par *Demarteau* (211). Superbe ép.

165 — Femme nue, assise sur un lit. Sanguine très-gracieuse, in-fol., par *Demarteau* (476). Très-rare.

166 — La Laveuse. Sanguine gracieuse, très-belle, par *Bonnet*. Marge.

167 — Le Sommeil de Vénus. Fac-simile de dessin, crayons noir et blanc, sur papier bleu, par *Bonnet*.

168 — Jeune Berger réveillant sa bergère, avec une paille, charmante pastorale, par *Demarteau*. Grand in-4 en couleur. Très-belle ép. en travers.

Medou 2

Medou 2

Rot 8   Medou 2

Medou 2

Medou 2

Medou 2   Wimu 301.
                u 3,

Thou 6   Rel 7.   Medou 2   Wimu

Thou 8   Medou 2   Dieus

Thou   Medou

Medou

Lieut 3 50   Laval 20   Rot 20   Medou

[illegible] Laval 33   Lenur 3 50 Grez 7.

[illegible] Lenur 6   Cher 8

Wisner R. Garcia 25   [illegible] Lenur 3

[illegible] ?

[illegible] Laval 40   Cher 6

[illegible] Laval 3[illegible]

[illegible] ?

Mornin 20 Hedou 3 Ther 6

Hedou 3. Lenur 6

169 — Jeune Berger embrassant sa bergère, agréable composition ovale, équarri, par *Demarteau.* Très-belle ép. relevée de couleur. Grand in-4, en travers.

170 — Vénus surprise par l'Amour. — Vénus caressée par l'Amour. 2 charmantes compositions, grand in-4, par *Bonnet,* relevées de couleur.

171 — Groupe de deux jeunes villageois, ravissante composition ovale, in-4, relevée de couleur, par *Demarteau,* du portefeuille de M. Néra (486). Très-belle ép.

172 — Diane s'essuyant les pieds. Jolie pièce gracieuse ovale, in-4, relevée de couleur, par *Demarteau,* du portefeuille de M. Néra (489). Très-belle ép.

173 — L'Amour rendant hommage à sa mère; il lui présente une rose. Jolie pièce gracieuse ovale, petit in-fol., en couleur, par *Janinet.* Très-belle ép. Sans marge.

174 — La Toilette de Vénus. Superbe composition; trois Amours ornent de perles sa chevelure. In-fol., en couleur, par *Janinet.* Pièce capitale. Sans marge.

175 — Vénus aux Colombes, fac-simile aux trois crayons, par *Bonnet.* In-fol. Marge.

176 **Carême** (d'après). La Culbute imprévue, scène villageoise. Grand in-4, en couleur, par *Morret.* Très-belle ép.

177 — Jupiter et Io. — Jupiter et Antiope. 2 jolies pièces gracieuses in-4, en couleur, par *Demarteau.* Très-belles.

178 **Carême** (D'ap.). Bacchanale : Bacchante se défendant d'un Satyre qui veut lui enlever son amphore; d'autres jouent du tambour de basque. Grand in-4, en couleur, par *Demarteau*. Très-belle ép.

179 — Le Satyre amoureux, lié par deux Bacchantes qui le lutinent. — La Bacchante enivrée. 2 gracieuses compositions, supérieurement gravées par *Janinet*. Grand in-4. Très-belles ép.

180 — Bacchanale de Satyres et de Nymphes en couleur, avant toute lettre. Sujet très-gracieux, petit in-fol., en couleur. Marge.

181 — Bacchus préside à la fête : Jolie bacchanale, petit in-fol., en couleur, par *Janinet*. Très-belle ép. Marge.

182 — Bacchante fouettée par un Satyre. — Satyre surprenant une Bacchante endormie. 2 compositions très-gracieuses, in-fol. en hauteur, en couleur. Sans aucun nom. Très-rares.

183 **Challe** (d'après). Le Souvenir agréable. Petit in-fol. ovale équarri, en couleur, par *Vidal*. Gracieuse femme réveillée par son chat.

184 — Le Panier renversé. Jolie composition dans un parc. In-fol. ovale, légèrement en couleur. Très-belle ép. avant toute lettre.

185 **Cochin** (C.-N.), 1760. Lycurgue blessé dans une sédition. Sanguine brûlée. Belle ép. petit in-fol. Sans marge.

186 **Debucourt**. L'Oiseau privé, scène dans un parc. In-fol. en hauteur, gravé au pinceau, en couleur. Marge.

Thев 6   Heitован 3

Laval 5r   Heidou 3

Laur 3 50   Hedou 3

Lacur 3 50   Hedou 3

Laval 80   Hedou 3   Gerlio 100

Thев 6   Laval 20   M. d C. 10.

Laval 30

Hedou 3.   Lurio 25

B. 45

Ther   8

Michel   75   Gerbe 400   Laval   200   Dup.   351

Michel   52   Lorin 250.   Ther   80   Dup.   121

Dieu 60,   Felix Panhar 100   Ther   10
           Dit de Brevia

Acier   3   Ther   8

Michel   13   Laval   20

R. Garcia 30 ,   Laval   25

M. d. C.   8 .   Michel   8 .   Ther   ;

187 — Elle est prise. Ovale en travers, in-fol., en couleur. Très-belle ép. 41 *Malinet*

188 — 1786. Les deux Baisers. Pendant qu'un vieillard admire le tableau où il embrasse sa jolie compagne, elle se laisse baiser la main par le peintre qui lui glisse une lettre. Superbe ép. d'une charmante composition imprimée en couleur. In-fol. en travers. 380 *Vig*

189 — Le Compliment, ou la Matinée du jour de l'an, 1787. — Les Bouquets, ou la Fête de la Grand'maman, 1788. 2 pièces gravées, en couleur. Charmantes compositions d'intérieurs de famille. Très-belles ép. 252

190 **De Longueil**. Les Dons imprudents. — Le Retour à la vertu. 2 charmantes compositions d'intérieurs et costumes, gravées en couleur. In-fol. Très-belles ép. 1148 *Vig*

191 **Demarteau**. Bacchante et deux enfants. 2 compositions différentes, fac-simile de dessins, sanguine et crayon noir, ovales grand in-4, d'après *Le Barbier*. Très-belles ép. (423-424). 22

192 **Desrais** (d'après). La Femme vengée. Jolie pièce in-4, en couleur, par *Mixelle*. Très-belle ép. 51 *Girard*

193 **Fragonard** (d'après). Le Verrou. In-fol. Réduction de la composition par Blot, en contre-partie, gravée en couleur par un anonyme, peut-être *Mixelle*. Superbe ép. Belle marge. 26 *Vig*

194 **Huet** (d'après). Leucothoé, charmée de la beauté d'Apollon, se laisse vaincre sans résistance. In-4 en couleur, par *Bonnet*. Belle ép. 15 *DD*

195 **Huet** (D'ap.). Diane et Endymion. In-4, ovale en hauteur, en couleur, par *l'Éveillé*. Très-belle ép.

196 — L'heureux Chat. Dame à sa toilette. Sujet très-gracieux. Grand in-4, par *Bonnet*. Très-belle ép.

197 — La Déclaration. Scène d'intérieur. Grand in-4, en couleur, par *Legrand*. Très-belle ép.

198 — Le Triomphe de Galathée : l'Amour embrasse sa mère, accompagnée de Galathée ; elles sont sur les flots près du char et d'un dauphin. Gracieuse composition, ovale en travers. Grand in-4, en couleur, par *Bonnet*. Très-belle ép. Marge.

199 — Vénus enflammée par l'Amour. — L'Amour prie Vénus. 2 gracieuses compositions, grand in-4 en hauteur, par *Bonnet*. Superbes ép. Marge.

200 — Un gentilhomme entre pendant que la chambrière met la jarretière à sa maîtresse. Charmante composition imitant une aquarelle. In-4. Extrêmement rare. Sans marge. (Peut-être la chaufferette.)

201 — Céphale et Procis. In-4 en travers, monté en dessin et imitant parfaitement l'aquarelle. Superbe ép.

202 — L'Été. In-4, par *Liger*. Sujet gracieux, rare, en couleur.

203 — Le Printemps. — L'Automne. 2 sujets gracieux, in-4, en couleur, par *Liger*. Très-belles ép. avant la lettre.

– Chev. 6.   Laval 25

– Chev. 6   Laval 40

– Loтом 20

– Laval 30

– Laval 30   Michel 18   Monnier 15   M.D.C. 20.   Lion 20

– . M.D.C. 6.

– Cœur 3   Michel 11

– Chev. 6   Cœur 3   Michel 13

Diens   Laval 30   Ther 8

Lecu 6

Lecu 6   Ther 8.

[illegible] 4

[illegible] 3

Licu 50.   Diens   [illegible]   Lecu 4 50   Ther 8

[illegible]   Lavol   25   Ther 6

204 — The Balance ou Bascule. — The Sump ou le Saut. 2 pièces in-4, en couleur, par *Bonnet*. Très-belles ép. Sans lettre.

205 — Le jeune Berger. — La jeune Bergère. 2 p. grand in-4, en couleur, par *Demarteau*. Superbes ép. (514-115).

206 — Pastorale. In-fol., en couleur, par *Demarteau*. Superbe ép. (617).

207 — Le Retour du Marché, par Auvrai. — Le Retour des Champs, par *Mottet*. 2 p. in-fol. en couleur. Sans marge.

208 — Offrandes au dieu Pan : Bacchantes, Amours et enfants apportant des raisins, amenant une chèvre, etc. Belle composition. Superbe ép. in-fol., en couleur, par *Demarteau*, 1785.

209 — Offrande présenté par l'Amour à la Fidélité. — L'Amour offrant des présents à Ariane. 2 jolies pièces, très-gracieuses, gravées en couleur sous la direction de *Bonnet*. Très-belles ép. in-fol. Toute marge.

210 **Janinet**. Vénus dormant. Charmante petite pièce gracieuse, ovale in-8, en travers. Très-belle ép. Sans marge.

211 — Le Rendez-vous comique. — Comédiens comiques. 2 jolies p. en couteur, d'ap. *Watteau*. Très-belles ép. in-4, imitation d'aquarelles.

212 — Bacchante sommeillant. Très-belle pièce, très-gracieuse, ronde in-fol. Épreuve superbe. Sans marge.

213 **Janinet**. Vénus demi-couchée, réveillée par
le souffle de Zéphyre, l'Amour dort à ses pieds,
d'après *Charlier*. Superbe pièce gracieuse avant
toute lettre, pièce ronde, in-fol., en couleur.
Sans marge.

214 — Vénus, assise sur son lit, désarme l'Amour.
Superbe pièce gracieuse, in-fol. en rond, en
couleur, avant toute lettre, d'après *Charlier*.
Avec marge.

215 **Joullain** (d'après). Femme couchée. Pièce gracieuse, in-fol., sanguine, par *de Frenne*. Très-
belle ép. Marge.

216 **Kauffmann** (d'après Ang.). Le Colin-Maillard.
In-fol. ovale, en couleur, par *Phélippeaux*.

217 **Lavreince** (d'après). L'Hiver? : Jeune femme
qui se chauffe à un brasier; elle a son bras sur
le dos d'un homme, habillé en fourrure. Figures
à mi-corps, ovale in-4, imitant l'aquarelle. Sans
marge.

218 — Les Grâces parisiennes au bois de Vincennes,
par *Chapuy*. Grand in-4 en couleur. Très-belle
ép. Sans marge.

219 — Nina. Magnifique ép., petit in-fol., en couleur. Sans marge.

220 — Ah! laisse-moi donc voir! In-4, par *Janinet*.
Épreuve magnifique, retouchée à la gouache
par l'artiste; on croirait un véritable dessin.

221 — La Comparaison. Composition gracieuse.
Très-belle ép., gravée en couleur, in-fol., par
Janinet, 1786.

Laval 40   ...on 3

Laval 60   ... 3

Thou 6

Thou 6   Michel 21

Laval 40   Garro 15

Thou 6

Thou 10. Laval. 150. garbo ...   Millgen ... R Garcia 50. Michel 27. Jean
                                                                              130

Thou 8   Michel 15   M.D.C. 10. Chali 5

M. D. C. 10.

Jerbo 100   Laval 50   Thev. 10

Michel 25   Dupl. 121

Dieu

Thev 8

Michel 37   Lecur 5

Michel 12   Thev 6

222 — L'Aveu difficile. In-fol., en couleur, par *Janinet*, 1787. Très-belle ép.

223 — Jamais d'accord : deux jeunes dames tenant l'une un chat, l'autre un chien. — Le Serin chéri : deux jeunes dames en jolis costumes. 2 charmantes compositions in-4, en couleur, par Denargle (*Legrand*). Superbes ép.

224 — Le petit Conseil. — Ah! le joli petit chien. — 2 ravissantes compositions in-4, en couleur, par *Janinet*. Jolis costumes. Très-belles ép. montées en dessins.

225 **Lebeau**. C'est mon valet Lafleur. — Faites la paix. — C'est inconcevable. 3 p. avec costumes de 1792, sanguines. Superbes ép. in-4. Grandes marges. Papier vergé.

226 **Legrand** (Aug.). Érigone et l'Amour. — La jeune Ariadne. 2 p. in-fol. coloriées.

227 **Le Moine** (d'après). Vénus endormie. In-fol., par *Aliamet*. Superbe ép. coloriée.

228 **L'Éveillé**. Léda? : l'Amour fait jaillir l'eau d'une fontaine sur la baigneuse, trois figures d'après *Boucher*. — Vénus donnant une pomme à un petit Amour, quatre figures d'après *Huet*. 2 charmantes compositions ovales, in-4, en hauteur, en couleur (607-608).

229 **Mallet** (d'après). Les bonnes Amies, par *de Sève*. Grand in-4, ovale en hauteur, en bistre. Très-belle ép. Marge. Petit in-fol.

230 — (d'ap.). La Nouvelle intéressante, par *Mixelle* Scène d'intérieur. Belle ép. in-fol. en couleur. Jolis costumes.

231 **Monnet**. Le Larcin. In-4, ovale, en couleur, par *Robillac*. Jeune fille prenant du raisin à un vendangeur endormi. Très-belle ép. Marge.

232 **Morret** (J.). La Chute inattendue, d'ap. *Huet*. — La Culbute imprévue, d'ap. *Carême*. 2 scènes villageoises. Très-belles ép., grand in-4, en couleur.

233 **Regnault** (N.-F.). Le Lever. — Le Bain, d'ap. *Baudouin*. 2 charmantes pièces gracieuses, petit in-4, gravées en couleur, d'une très-grande finesse d'exécution. Très-rares.

234 **Ruotte**. Charlotte at the tomb of Werter. Petit in-fol. rond, imprimée au pouce, en couleur. Belle marge.

235 **Saint-Aubin** (d'après). L'Heureux ménage, avant toute lettre. — La Tendresse maternelle? : Mère tenant ses deux enfants. 2 p. in-4, en couleur, par Sergent.

236 — La Sollicitude maternelle. — L'heureuse Mère. 2 p. in-4, en couleur, avant toute lettre, par Sergent.

237 — La Jardinière. — La Savonneuse. 2 scènes de croisées. Superbes ép., in-4, en couleur, avant toute lettre. Très-rares,

238 **Schall** (d'après). Les Espiègles : Baigneuses occupées à lire ; on leur enlève leurs vêtements à l'hameçon. — L'Amant surpris : son amante lui cache les yeux. 2 p. grand in-fol., en couleur, par *Descourtis*. Très-belles.

Laval. 20

Chev   8   Laval 100   Ferbo 100   Michel 72

M. D. C. 8.   Morry 6

Chev   10   Corin 120   Michel 15.   Dieurs   M. D. C. 20.

Chev   12   Michel 31

Michel 13

Lorin 20

Mornin 15.   Dieus   Michel 10   Chev   6

M.d.e. 7.   Michel 17   Chev 8

M.d.e. 7.   Dieus   Michel 17   Chev. 8

M.d.e. 8

M.d.e. 5.   Lecur 4 50

Ducpl. 250

239 **Vangorp** (d'après). Le déjeuner de Fanfan.   *16*
Superbe ép., in-fol., en couleur, par *Malles.*
Avant toute lettre. Belle marge.

240 **Van Houten**. Jeune fille lisant une lettre. En   *5 Vig*
buste, dans un ovale, in-4. Dessin à la plume et
colorié.

241 **Vanloo** (d'après). Le Coucher à l'italienne. Petit   *15 Vig*
in-fol. Sanguine, par I... (*Isabey?*) Très-belle ép.
Grande marge.

242 **Vernet** (d'après Carle). Le Marchand de che-   *41 Vig*
vaux normands. Grand in-fol., en couleur, par
Charon. Superbe ép. Toute marge.

243 — Route de Poissy. Grand in-fol., en couleur,   *20*
par *Debucourt.* Très-belle ép.

244 — Retour du Marché. Grand in-fol., en couleur,   *45*
par *Debucourt.* Très-belle ép.

ESTAMPES MODERNES

245 **Leroux**, 1835. Léda, d'ap. *Léonard de Vinci.* Pièce   *10*
gracieuse. In-fol. Très-belle ép. Toute marge.

246 **Monnier** (H.). Vignettes in-8 pour Béranger.   *6*
7 p. coloriées, superbes, toute marge.

247 **Musée impérial** du Louvre. Collection de   *190 Vig*
500 planches gravées au burin par les sommités
contemporaines, d'après les grands maîtres en
peinture et en sculpture des diverses écoles.
100 livraisons in-fol., en feuilles. Paris, Danlos
aîné, 1869.

248 **Paris**. Journal illustré des compositions de
Gavarni, sous le titre de Masques et Visages, du
n 1, 20 octobre 1852, au n° 341, 30 septembre
1853, en 3 vol. in-fol., demi-rel., chagrin bleu,
et 1 vol., reliure mobile. Rare à trouver réuni.

249 Contes fantastiques d'Hoffmann, illustrés par
Gavarni. Vol. grand in-8. Paris, 1843, demi-rel.,
chagrin vert.

250 **Lithographies**. La Nuit des Noces. — Le
Tourlourou piqué au vif. — Les Passions ra-
fraîchies. — Scélérat de Pompier. — Croissez et
et multipliez (fenêtre). — Encore un coup. —
En dessous, doucement, pousse. 5 p. coloriées
et 2 en noir. 7 p.

Vᵉˢ Renou, Maulde et Cock, impʳˢ de la Cⁱᵉ des Commissaires-Priseurs,
ruc de Rivoli, 144.　　　　41140

Leurs 5   Jours 20

Michel 10   M. D. C. 6.

62	Étranger	4	65	9264	50
360	France ⎫		
205	Paris ⎬ 565 = 5	28	25
175	Distribution	6	
752			
	7 — Chemises et bandes	10	50
	Transport a l'hôtel	3	
	Honoraires 10 %	926	45
	Voiture de retour pour le Musée	2	..
	Messager de Paris	20	
	Soleil	15	
	Chronique des arts	23	
		1038	85	1038	85
	100 affiches et affichage			48	60
	Insertion au Moniteur des ventes			19	80
	Déclaration de vente			2	20
	Timbre du procès verbal			3	60
	Enregistrement			232	
	Versement en bourse Commune			291	90
	Honoraires Delbergue Cormont			291	90
	Clerc et Crieur			12	
	Location de la Salle 2 jours			61	20
	800 Catalogues			195	
	2 Journées du Commissionaire			10	
	aux employés surcroit de travail			20	
	Enregistrement et timbre de la décharge			4	35
				2231	40
	Déduction des 5 % des acquéreurs			463	25
				1768	15